EMANUELE CAPANO

PARRUCCHIERE 3.0

**Come Diventare Uno Specialista
In Extension, Acquisendo Nuovi Clienti e
Aumentando Il Fatturato Grazie Al
Web Marketing**

Titolo

"PARRUCCHIERE 3.0"

Autore

Emanuele Capano

Editore

Bruno Editore

Sito internet

http://www.brunoeditore.it

Sommario

Introduzione   pag. 5

Capitolo 1: Perché le persone indossano le extension   pag. 16

Capitolo 2: Storia e utilizzo delle Extension   pag. 26

Capitolo 3: Sfatiamo qualche mito   pag. 45

Capitolo 4: Come diventare specialista in extension   pag. 62

Capitolo 5: Il marketing dello specialista   pag. 77

Conclusione   pag. 97

Introduzione

Ho iniziato a fare il parrucchiere a 14 anni, il barbiere ad essere precisi. All'epoca erano due cose ben distinte: il parrucchiere da donna era quello che metteva i bigodini, il barbiere faceva solo tagli da uomo. Ho cominciato come ragazzo di bottega mentre completavo i miei studi, andavo a scuola solo il lunedì e da martedì a sabato lavoravo come apprendista nel negozio di un barbiere.

A 18 anni ho preso il diploma, a 20 sono diventato maestro maschile del barbiere e ho preso la licenza per insegnare. Sono partito per fare il militare con l'idea di iniziare la mia carriera di insegnante appena rientrato. Ma la vita non va mai come ci aspettiamo e i miei sogni di ragazzino si sono scontrati con la realtà dei fatti: pochi posti da insegnante difesi con le unghie e coi i denti da vecchi professori che non avevano nessuna intenzione di fare spazio ai giovani.

Per un po' ho aspettato che quella situazione di stallo si sbloccasse e poi ho capito che dovevo cambiare strada. Nel 1998 ho deciso così di aprire un negozio tutto mio e mi sono trasferito da Villafranca di Verona, dove in quel momento vivevo e lavoravo, a Povegliano Veronese.

L'istinto mi ha guidato verso quella piccola città, mi sentivo più sicuro in una realtà circoscritta, senza troppa concorrenza. All'epoca non avevo ancora idea di come gestire un negozio, non me lo avevano mica insegnato a scuola. Pochi mesi più tardi ho conosciuto una ragazza fantastica che nel giro di due anni sarebbe diventata mia moglie e mia compagna in questa avventura, Flavia.

Abbiamo iniziato insieme a fare corsi di aggiornamento a Milano, uno dei quali ci ha permesso di scoprire il mondo della moda. Non si trattava del mondo dei bigodini come credevo io, era anzi molto più vario e stimolante, ci siamo lanciati insieme in questa nuova realtà, abbiamo studiato e siamo diventati bravi anche come parrucchieri da donna.

Eravamo due ragazzi pieni di gioia ed entusiasmo e il negozio aveva iniziato ad acquisire una sua clientela. Dopo dieci anni, armati di coraggio abbiamo deciso di trasferirci in una città più grande, Villafranca di Verona, la mia città di origine. Nel 2008 abbiamo acquistato i muri del negozio, lo abbiamo arredato di tutto punto e lo abbiamo inaugurato, brindando insieme ad amici e parenti.

Ancora una volta la vita ha stravolto i miei piani. Nonostante il negozio fosse a soli 5 km di distanza da quello precedente abbiamo perso l'80% dei clienti. Le cose hanno iniziato ad andare a rotoli, nonostante i nostri sforzi i clienti erano sempre meno. Mi sono trovato costretto a licenziare le tre ragazze che lavoravano con noi, non guadagnavo abbastanza per pagare i loro stipendi.

Passavo le giornate in negozio guardando attraverso le vetrine la piazza deserta chiedendomi come farmi notare da quelle poche persone che l'attraversavano, tutte affaccendate per recarsi in centro. Mi sembrava un'impresa impossibile.

Abbiamo provato ad usare buoni sconti e di conseguenza le persone hanno iniziato ad arrivare solo per il prezzo non più per la qualità del servizio. Inoltre, applicando gli sconti, siamo arrivati al punto di non riuscire neanche a rientrare delle spese. Eravamo davvero in difficoltà.

Nel frattempo, stavo frequentando dei corsi di aggiornamento presso un'azienda di Firenze, come il corso "Metodo taglio", "Metodo colore", "Metodo gestione", "Metodo consulente di bellezza", etc. In due anni avevo completato tutti i corsi ed ero stato selezionato per diventare teacher. Ho sempre amato l'idea di insegnare. Essere in grado, attraverso le parole, di aiutare le persone, aumentando le loro conoscenze e, in qualche modo, cambiando la loro vita, è sempre stata una mia aspirazione.

Quindi ho accettato l'offerta suscitando lo stupore delle persone che mi erano vicine: per essere abilitato all'insegnamento avrei dovuto sostenere un ulteriore corso a pagamento e, in quel periodo, non navigavo esattamente nell'oro.

Il corso si componeva di 18 giornate formative, per lo più concentrate nei weekend. Durante questo percorso sono cambiato moltissimo: sia per merito delle lezioni frontali, grazie alle quali stavo accrescendo le mie competenze in un campo del tutto nuovo, sia grazie all'incontro e al dibattito giornaliero con gli altri parrucchieri compagni di corso.

Per tutta la durata ci siamo scambiati consigli e opinioni, le esperienze professionali di uno, quando venivano condivise, diventavano formative anche per tutti gli altri. Alla fine del corso abbiamo passato settimane a prepararci per superare l'esame e poter finalmente diventare insegnanti. Le materie erano moltissime e si concentravano soprattutto sull'insegnarci a parlare in pubblico, a tenere l'aula, a riconoscere le diverse tipologie di studente e quindi i differenti metodi di apprendimento.

Quando finalmente sono diventato "teacher" è stata una delle grandi soddisfazioni della mia vita. Ancora una volta ero esaltato dalle prospettive per il futuro che l'azienda a cui mi ero affidato aveva dipinto.

Ma le mie aspettative si sono scontrate, di nuovo, con la realtà. Per un anno intero ho aspettato che mi chiamassero per insegnare ciò che avevo appreso. Sarebbe stato un lavoro che avrei fatto nel weekend (durante la settimana dovevo stare in negozio) e che mi avrebbe permesso di finire di pagare le rate del mutuo. Non mi hanno mai chiamato.

La depressione che è seguita è stata direttamente proporzionale alla felicità e alla soddisfazione di quei primi giorni. Avevo acquisito un sacco di conoscenze ma mi sembrava di aver solo buttato via i miei soldi e il mio tempo. Mi sentivo un fallito, le persone intorno a me iniziavano a darmi meno credito. Mi sono separato dalla mamma della mia bambina, perché si sa, quando nemmeno tu riesci ad apprezzarti e stimarti come puoi pensare che ci riescano gli altri?

Come spesso succede, è stato proprio nel buio più totale di quei momenti di sofferenza che qualcosa è iniziato a cambiare. Vi sembrerà strano ma la svolta è incominciata quando ho comprato il mio primo iPhone.

Fino a quel momento non ero nemmeno in grado di mandare un'e-mail (ancora oggi, quando i miei corsisti mi dicono che hanno paura di non essere capaci di gestire le pagine social, gli racconto del mio pessimo rapporto con la tecnologia). Con questo nuovo telefono, invece, tutto era semplice e intuitivo.

A forza di prendere confidenza con internet e con i social, un giorno ho scoperto Giacomo Bruno. Attraverso i suoi video ho capito che il mio percorso di formazione non era ancora ultimato, che c'erano delle conoscenze importanti che mi mancavano. Sono tornato a studiare. I suoi corsi mi sono sembrati da subito il concentrato di conoscenze di cui avevo bisogno: ho scoperto cos'è il posizionamento (di cui vi parlerò nei prossimi capitoli) e ho deciso di specializzarmi in extension.

Ho seguito tutti i video online sul marketing formativo facendo da solo la mia prima sponsorizzata su Facebook. Ho investito i pochi soldi che avevo in un modo nuovo di fare marketing, fidandomi del mio mentore.

La prima cliente che è arrivata in negozio grazie a questo tipo di pubblicità è stata Camilla. È ancora oggi mia cliente. I soldi che ho fatto con il suo trattamento extension li ho reinvestiti subito tutti in pubblicità e la pubblicità ha portato nuovi clienti. Così è iniziato il circolo virtuoso che ha cambiato la mia vita.

Appena ho potuto ho comprato un biglietto per il corso "One millionaire" di Giacomo e ho applicato subito tutti i suoi consigli. Da quel momento in poi sono diventato lo specialista delle extension. Ho investito nella materia prima e negli strumenti che utilizzavo per offrire un servizio di altissima qualità. Ho capito che era necessario un rebranding per creare un'immagine coerente e professionale: "Colpi di testa" è diventato "Emanuele Capano specialista in extension".

Ho sperimentato moltissimo finché non ho sviluppato delle mie tecniche di marketing che mi permettessero di aumentare il mio pubblico e di crescere ancora. Da allora non mi sono mai fermato. Qualche anno fa ho realizzato che potevo comunque diventare insegnante, non per una scuola sola, ma in autonomia. Scegliendo io programma e contenuti, raccogliendo gli insegnamenti che la vita mi aveva dato, perché potessero essere esperienze formative anche per altri. Ho creato una società, Salone Rapido, dove insegno ad altri parrucchieri a specializzarsi, ad utilizzare gli strumenti di marketing pubblicitario, ad applicare le extension, offrendo un pacchetto completo di strumenti e conoscenze a disposizione di chi decide di percorrere questo cammino.

Insegno tutti i giorni alle mie clienti come prendersi cura dei propri capelli e formo il mio pubblico sui social riguardo il mondo delle extension. Alla fine, le tecniche apprese all'accademia, su come tenere un'aula o come parlare in pubblico, le utilizzo tutti i giorni. Ogni volta che faccio una diretta o una storia su Instagram preparo i contenuti, ripasso mentalmente cosa dire come se stessi per entrare in aula. Ma soprattutto do informazioni di valore come farei con i miei allievi.

Nel frattempo, il mio negozio è cresciuto moltissimo, e quest'anno, insieme a Flavia, siamo finalmente riusciti a creare la nostra linea

Alchemica, selezionando personalmente i capelli e i prodotti per la loro cura.

Ed eccoci arrivati ad oggi, sto scrivendo un libro che insegna come raggiungere il successo professionale. Non avrei mai pensato che una cosa del genere fosse possibile fino a qualche anno fa. Mentre stai correndo pensi all'obiettivo che vuoi raggiungere, ad andare avanti mettendo i piedi uno dopo l'altro, non alla strada che ti sei lasciato alle spalle. Ecco perché quando poi lo fai, e soprattutto lo racconti, ti sembra la vita di qualcun'altro.

Mentre scrivo mi sorprendo io stesso di aver corso tanto, di essere riuscito ad arrivare fin qui. Per questo ho voluto raccontarti la mia storia all'inizio del libro: per mettere in chiaro che non è la storia di un supereroe con dei superpoteri, ma quella di una un professionista come tanti – come potresti essere tu – che ad un certo punto ha deciso di fare il salto e di rimettersi in gioco. Quindi non c'è niente, delle cose che ti racconterò in questo libro, che sia fuori dalla tua portata.

Niente che preveda delle conoscenze che non puoi raggiungere, delle risorse che non possiedi o delle capacità innate a te precluse.

Ti parlerò di cosa significa, nella pratica di tutti i giorni, essere uno specialista delle extension; di quali sono i segreti per avere successo in questo campo; di come riconoscere una extension di qualità e come prendertene cura, e di tante altre cose che spero possano esserti utili nel tuo percorso, qualunque esso sia. Buona lettura.

Capitolo 1:

Perché le persone utilizzano le extension

Voglio iniziare raccontandovi un piccolo aneddoto. Sapete quando è stata introdotta la moda delle extension? Più di 3000 anni fa ad Amarna, in Egitto. Non ve lo aspettavate, vero? Stiamo parlando di una tradizione plurimillenaria.

Sicuramente avrete già sentito parlare delle attenzioni che gli egiziani dedicavano alla cura del corpo e dei capelli. Magari vi è già capitato di leggere di strane acconciature che richiedevano l'utilizzo di oli profumati sulla cute per tenere i capelli sempre lucenti e morbidi. Quello che, però, sono sicuro che non vi aspettavate è che questo popolo antichissimo conoscesse e usasse le extension in un modo molto simile al nostro.

Qualche anno fa sono stati ritrovati i resti di una donna che aveva ancora intatta una complessa pettinatura formata da circa 70 extension fissate a diverse altezze della testa. Altri resti esaminati dagli archeologi ad Amarna presentano questo prolungamento dei capelli naturali con una sorprendente varietà: sulla stessa testa sono state trovate ciocche nere, castane, ricce, lisce, etc.

Vi dico questo perché credo sia importante capire che le extension non sono solo il risultato di questo periodo storico, di una moda passeggera, ma sono un vero e proprio strumento di bellezza da oltre 3000 anni. In alcune tribù africane, le extension, unite in sottili treccine ai capelli naturali, rappresentano un segno di ricchezza e uno strumento di distinzione.

Abbiamo la certezza che in epoca vittoriana fossero molto in voga per creare acconciature voluminose. Ebbene un trattamento dalla storia così lunga, presente in civiltà dai costumi così diversi, sopravvissuto a cambiamenti di gusto e stile per oltre trenta secoli, nella mia opinione deve avere qualcosa di magico. Deve essere in grado di donare a chi lo utilizza dei super poteri.

Se in un primo momento l'uso delle extension può sembrare un mero capriccio estetico, gli anni di esperienza nel settore mi hanno insegnato che, il più delle volte, le ragioni che spingono una donna ad investire in questa tecnologia sono ben altre ed assai più profonde.

Certamente stiamo parlando di un trattamento che ha un forte impatto visivo sulla persona, ma si tratta dell'effetto non del fine o della causa. Come per altri interventi estetici il fine è sempre la ricerca di apprezzamento (che può essere anche il proprio) e per estensione il "bisogno di amore". Così come la causa è la sua mancanza. Tutti i trattamenti estetici, tra cui le extension, hanno la fondamentale caratteristica di lavorare prima di tutto sull'autostima.

Cosa c'è di più sexy ed attraente di una donna o di un uomo che si piace e che si stima? Non è il trattamento in sé che permette alle mie/ai miei clienti di attrarre le attenzioni desiderate ma l'impatto che questo ha sulla loro visione di se stesse/i, e di conseguenza l'energia positiva che emanano e che coinvolge chi le/li circonda.

Piacendosi la persona può arrivare a soddisfare quelli che io ho individuato come i tre bisogni primari: bisogno di amore, bisogno di essere importanti per qualcuno, bisogno di essere belle/i e sexy. I capelli lunghi, folti e pieni sono energia allo stato puro. Immaginate l'effetto che fa il leone quando scuote la criniera.

Per qualche ragione intrinseca nella natura dell'uomo in quanto animale il capello lungo e sano, una bella chioma folta sono una potente arma di seduzione: recepiamo bellezza ma inconsciamente il messaggio che ci arriva è di forza e salute. Creare delle extension meravigliose per noi significa questo: donare energia e bellezza.

Proprio per questo motivo, è importantissimo, nel nostro lavoro di parrucchieri, essere i primi ad apprezzarsi, amarsi e curarsi, altrimenti come si può generare bellezza? Ho sempre diffidato di un parrucchiere con i capelli in disordine e un aspetto trasandato. Anche l'estremo opposto è limitante nel nostro campo: essere troppo innamorati/e della propria immagine non permette di cogliere altri tipi di bellezza e ci spinge a replicare i nostri canoni, a ricondurre il processo di metamorfosi del/della cliente ad una mera copia di noi stessi. Come un pittore distratto riprodurrà nel volto ritratto sempre quello che conosce meglio, il suo.

Il più nobile compito di un parrucchiere invece è proprio quello di aiutare il/la cliente a diventare la migliore versione di se stesso/a. Per trovare il giusto equilibrio tra questi estremi e riuscire a creare bellezza ritengo sia necessario ricorrere a due virtù: l'amabilità e la magnificenza. Amabilità è una parola dal suono dolce come il suo significato che deriva direttamente da "amare". Amabile è qualcuno in grado di suscitare amore, per estensione una persona piena di cordialità e grazia che provoca piacere in chi la osserva e in chi gode della sua compagnia.

La persona amabile sprigiona energia positiva (vera meta umana in quanto fondamento di uno stato di benessere e gioia) e così facendo influenza l'energia altrui amplificandola. La magnificenza, invece, è la naturale predisposizione a far cose ammirabili. È la virtù dei re e dei principi, che contraddistingue la loro propensione ad elargire grazie, operando con liberalità e generosità.

Presuppone in chi la possiede la superiorità morale, l'educazione, e la maturità, derivate da conoscenze teoriche e pratiche. Imprescindibile in chi fa opere magnifiche è la capacità di riconoscere e creare bellezza. Il primo concetto rappresenta l'obiettivo per eccellenza dei nostri trattamenti: la sensazione che vogliamo provino i nostri/le nostre clienti una volta uscite dal salone.

Il secondo invece è la forza di cui dobbiamo sentirci investiti mentre siamo al lavoro, è lo strumento che più di qualsiasi piastra o phon ci permetterà di ottenere un magnifico risultato. Ciò che più mi affascina del mio lavoro è la possibilità di trasformare le persone e apportare cambiamenti migliorativi alle loro vite. Saper di aver contribuito al loro benessere e alla loro crescita personale mi riempie di gioia e gratitudine.

Quando un cliente/una cliente esce dal mio negozio deve sentirsi il re/la regina della festa. Altrimenti vuol dire che ho sbagliato qualcosa. Il nostro obiettivo non è solo quello di creare donne e uomini più belli ma più sicuri di sé, più felici e a proprio agio con se stessi. Indossare le extension è come portare un bel completo o un paio di tacchi alti.

Quante/i di voi si sentono più sicure/i, camminano più dritte/i e realizzano prestazioni migliori quando si sentono in ordine e belle/i? Per noi i capelli sono l'abito più prezioso del guardaroba, sono il vestito che stai tenendo da parte per un'occasione importante, ma la magia è che questo accessorio invece si può indossare tutti i giorni e ti permette di sentirti splendida/o sempre.

Attraverso la nostra esperienza siamo in grado di visualizzare il risultato del trattamento prima ancora di applicarlo. Riuscendo così ad immaginare la soluzione giusta per ogni cliente, senza andare a tentativi. Quando condividiamo con il/la cliente la bellezza del progetto dobbiamo vedere il suo viso accendersi di entusiasmo.

In questi ultimi sette anni ho fatto centinaia di extension, ho visto entrare in salone persone amareggiate e deluse dai propri capelli. Molte di loro avevano già provato altri trattamenti senza ottenere risultati soddisfacenti, fino a che non hanno scoperto il mondo delle extension e hanno trasformato la loro chioma in qualcosa di bello e sexy.

Quando lavoravo come parrucchiere generalista facevo due o tre extension all'anno, non era un servizio molto richiesto. Il motivo non era il trattamento in sé, che concettualmente non è cambiato, era il nostro modo di comunicarlo ad essere inefficace. Se per anni è stato visto solo come un modo per avere i capelli lunghissimi, è anche perché, da sempre, i parrucchieri lo propongono come tale.

Chiaramente una pubblicità attira il pubblico a cui è indirizzata, quindi per anni ho avuto solo clienti interessate all'allungamento. Quando ho deciso di specializzarmi e di mostrare al mondo cosa si poteva fare con le extension anche la mia clientela è cambiata. Oggi i miei trattamenti rispondono alle necessità più disparate.

Qualche giorno fa mi ha contattato un ragazzo, voleva sapere se le extension si possono applicare anche agli uomini. Scherzando gli ho risposto che non hanno nessun effetto collaterale sulla produzione degli ormoni. Evidentemente la risposta gli è piaciuta:

è arrivato in negozio quel pomeriggio stesso e mi ha confessato che a scuola va di moda il ciuffo ma che, nonostante i vari tagli e le tonnellate di gel che consuma ogni mattina, l'effetto non è proprio che quello sperato.

Il tipo di ciuffo che voleva è, in effetti, particolarmente difficile da mantenere, specie se non si possiede una chioma folta e leggera tenderà sempre a schiacciarsi sul viso. Gli ho applicato una decina di ciocche Alchemica, esattamente dello stesso colore dei suoi capelli naturali, e poi ho effettuato il taglio. Vorrei avessi potuto vedere il suo sorriso soddisfatto quando ho finito di asciugargli i capelli, era fantastico. È stato così felice del risultato che qualche settimana dopo ha mandato un suo amico a fare lo stesso trattamento.

RIEPILOGO DEL CAPITOLO 1:

- SEGRETO n. 1: Le extension sono uno strumento di bellezza da oltre 3000 anni.

- SEGRETO n. 2: Le persone indossano le extension apparentemente per motivi estetici, in realtà cercano di soddisfare il loro bisogno di amore, il bisogno di essere importanti per qualcuno, il bisogno di essere più sexy e più belle.

- SEGRETO n. 3: Per fare delle extension meravigliose il parrucchiere deve amarsi, solo così potrà riconoscere e creare bellezza.

- SEGRETO n. 4: I capelli lunghi, folti e pieni sono energia allo stato puro.

- SEGRETO n. 5: Amabilità e magnificenza sono virtù indispensabili per creare delle extension meravigliose.

- SEGRETO n. 6: Noi specialisti siamo capaci di trasformare le persone apportando cambiamenti e miglioramenti alle loro vite.

Capitolo 2:
Storia e utilizzo delle Extension

In tanti me lo chiedono e sono sicuro che anche tra voi lettori qualcuno ha già la domanda pronta sulla punta della lingua: "I capelli delle extension sono veri?". Ebbene, la risposta è: "Assolutamente sì!". "Ma quindi posso tagliare i capelli di mia sorella mentre dorme e farmi fare delle bellissime extension?". Assolutamente no.

Non tutti i tipi di capelli possono essere utilizzati come extension, anzi solo pochi possiedono l'elasticità e il peso necessari per essere considerate un prodotto valido (per la fortuna della sorella). Magari per un occhio poco esperto potrebbe risultare difficile riconoscere un prodotto valido da uno che non lo è. Tuttavia, diventa improvvisamente semplice una volta che le extension vengono indossate.

Capelli che tirano, ciocche che si impigliano, capelli crespi che impiegano una vita ad asciugarsi sono solo alcuni dei problemi che generano delle extension di bassa qualità. Una extension di buona qualità deve essere innanzitutto morbida e, una volta applicata, invisibile e leggera. Sono queste le caratteristiche imprescindibili che permettono di avere una massa di capelli che si muove in modo fluido, naturale, senza appesantimento.

Non c'è un modo per ottenere questo risultato che non passi dalla qualità della materia prima. Nessun trattamento fatto al capello una volta tagliato, porterà il capello di bassa qualità a diventare un buon prodotto. Esistono tre tipi di qualità di capelli diverse: i migliori sono i "Remi Vergini".

Per darvi un'idea della differenza la prima qualità costa, su 100 grammi, ben 40 euro in più rispetto alla seconda qualità e 60 euro in più rispetto alla terza (ahimè, la più usata dai parrucchieri generalisti). Da cosa dipende tutta questa differenza di prezzo? Ve lo spiego subito.

Il termine "Remi Vergini" denota che si tratta di veri capelli umani, che non sono mai stati alterati da un processo chimico e che provengono da un unico donatore. Per questo sono i capelli di più alta qualità disponibili sul mercato e quelli con la resa migliore. Solo utilizzando la qualità "Vergini" otterremo un risultato perfettamente omogeneo in tutte le ciocche.

Alcuni fornitori per donare lucentezza e morbidezza al capello lo intingono nella cera. Se la resa immediata è incredibilmente d'effetto, altrettanto non si può dire dello stesso capello dopo un paio di lavaggi. Utilizzando questo tipo di capello (non vergine) otterremo, dopo poche settimane dall'applicazione, una chioma rovinata, povera sulle punte, dal colore spento. Indipendentemente da quanto spendiamo nei prodotti per il suo mantenimento.

La connotazione Remi o non Remi invece ci offre un'informazione importante sul modo in cui i capelli sono stati raccolti. Si tratta di un dato fondamentale: forse non tutti lo sanno ma i capelli hanno un verso, delle squame orientate tutte nella stessa direzione dalla cute alle punte. Ebbene, mentre i capelli Remi vengono raccolti con un metodo che permette di preservare la direzione intatta, i capelli non Remi vengono raggruppati in modo casuale. Solo il primo dei due metodi permette, una volta applicate le extension, di avere una chioma ordinata senza problemi di crespo e nodi.

La qualità è così essenziale in questo ramo che qualche anno fa ho realizzato una mia linea di extension: Alchemica. Seleziono personalmente i capelli per essere certo di avere il miglior prodotto in circolazione. Li faccio arrivare direttamente dai templi indiani. Curiosi? Lasciate che vi racconti questo piccolo aneddoto.

In India è pratica comune, che ogni induista, almeno una volta nella vita, doni i propri capelli alle divinità. Dopo una preghiera ed un bagno rituale, raccolti in lunghe code, i capelli vengono tagliati alla radice ed offerti come segno di riconoscimento alla vita. Ogni anno, i templi più importanti raccolgono tonnellate di capelli e li vendono a mercati autorizzati. Lì vengono acquistati dai fornitori (compreso il mio). È questa la preziosa materia prima che utilizzo.

Le mie ciocche Alchemica

Come vi accennavo poche righe fa, insieme a Flavia ho realizzato una mia linea di extension. Le ragioni di questa scelta sono state principalmente due:

1. Non ero mai soddisfatto dei prodotti che ricevevo, spesso la qualità non corrispondeva alle aspettative, i colori scaricavano troppo in fretta o non erano mai quelli giusti.
2. Volevo offrire alle mie/ai miei clienti delle extension uniche e bellissime.

Mi sono quindi rivolto direttamente ad un fornitore e insieme abbiamo creato il prodotto perfetto, con tutte le caratteristiche che desideravo. Innanzitutto, tutte le mie ciocche sono ovviamente di qualità "Remi Vergini". La migliore. Questo fa sì che rimangano perfette fino a 4-6 mesi dall'applicazione.

In secondo luogo, e questo è un segreto che potete usare anche voi per capire la qualità delle ciocche, le Alchemica sono piene fino alle punte. Le extension di bassa qualità invece hanno le punte sfibrate: ve ne potete accorgere prendendo le ciocche in pugno, se scorrendo verso il basso il pugno si chiude non avete tra le mani una extension di qualità.

Questa proprietà è essenziale visto che molti dei nostri trattamenti servono proprio a riempire le punte. A differenza di altre marche che potete trovare sul mercato, le nostre extension sono più pesanti (1 gr ogni ciocca anziché 0,7/0,8 gr). A parità di ciocche utilizzate quindi con le mie extension i capelli saranno molto più pieni. Ormai rifornisco con i miei prodotti moltissimi parrucchieri, che hanno scelto di utilizzare le mie extension per la qualità altissima, e da qualche mese anche i privati.

Proprio a causa della situazione Covid sono stato contattato da moltissime ragazze che, abitando in altre regioni, non possono venire in negozio per farsi applicare le mie ciocche Alchemica. Da lì è nata l'idea di vendere le mie ciocche online, cosicché chiunque possa acquistarle e portarle dal proprio parrucchiere di fiducia per l'applicazione.

Oltre alle ciocche ad applicazione con cheratina la nostra linea Alchemica, con la stessa qualità di capelli, propone anche delle fasce e clips. Facili da applicare e da rimuovere (grazie al nostro video tutorial) in grado di mimetizzarsi perfettamente tra i nostri capelli.

Grazie al fatto che possono essere posizionate e riposizionate a piacimento (a differenza delle ciocche a cheratina) le fasce non creano nessun problema durante la ricrescita del capello e, per tanto, durano molto più di sei mesi. La qualità altissima dei capelli utilizzati permette fino a due anni di utilizzo. (Link al video: https://www.instagram.com/tv/CIiUgmYhOoj/?igshid=1uoywoqr qcqs7)

Ti fornisco un esempio: qualche giorno fa una ragazza mi ha contattato su Instagram per chiedermi una consulenza. Voleva acquistare dal nostro sito le ciocche a clips ma aveva bisogno di aiuto nella scelta del colore. Mi sono fatto mandare alcune foto dei suoi capelli naturali e, grazie agli anni di esperienza nel settore, sono riuscito ad indirizzarla sul colore giusto.

Ho scelto delle extension volutamente più scure, qualche tono, del suo colore, così da mettere in risalto i colpi di sole producendo un effetto naturale e sofisticato al tempo stesso. Appena ha ricevuto le ciocche mi ha mandato un messaggio vocale traboccante di entusiasmo, gratitudine e incredulità per la bellezza del risultato finale.

Con una seconda consulenza abbiamo individuato insieme i prodotti da utilizzare per la cura e la manutenzione delle extension. Le ho suggerito alcuni trattamenti, come quello antigiallo, e ho creato per lei un kit personalizzato con shampoo, balsamo, finish e altre lozioni.

Il colore

Ovviamente i capelli Remi, essendo di origini naturali, sono di un bel colore castano scuro. Una volta portate in Italia, le ciocche vengono scurite, per ottenere le diverse tonalità di nero, o schiarite leggermente. In base alla schiaritura ottenuta si procede con la colorazione.

Le ciocche rimangono per parecchie ore (o addirittura giorni nel caso di tonalità molto accese come viola, arancione, fucsia, rosso fuoco) nel bagno di colore. Grazie a questo trattamento, quando le extension vengono indossate, il colore non perde d'intensità se non dopo diversi mesi.

Una volta che sono applicate, le extension possono essere colorate ma non schiarite. Per questo è bene dedicare del tempo alla scelta del colore prima del trattamento. Potrò sempre scurire delle extension bionde per ottenere un castano scuro ma, a differenza dei nostri capelli, non potrò mai fare l'inverso. Non posso assolutamente schiarire le extension con prodotti decoloranti. Chiaramente posso sempre sostituirle se ho voglia di cambiare look.

La mia linea ha moltissime colorazioni diverse per accontentare tutte le nostre/i nostri clienti. Per ogni nuova/o cliente creiamo la tonalità perfetta, avvicinandoci il più possibile al suo colore naturale o creando il giusto contrasto per effetti di schiaritura o scurimento.

Spesso applichiamo mèches di tre o quattro tipi di biondo diverso. La magia, per ottenere un risultato naturale, sta proprio nello scegliere i colori giusti. Basta anche solo un tono di colore diverso per rompere l'incantesimo e creare un brutto stacco. Ormai collaboro quasi giornalmente con i fornitori per la scelta dei colori da produrre, non solo per la mia linea, ma per individuare quali tonalità andranno più di moda.

Le extension sono diventate un vero e proprio accessorio di moda: come una bella borsa o un bel paio di scarpe. Ci permettono di cambiare look e di osare. Tra gli effetti e i colori che vanno di più quest'anno, ad esempio, abbiamo il biondo senza toni giallo-arancio e il grande classico delle extension shatush.

Le extension shatush sono un buon esempio di quanto le nostre ciocche siano personalizzabili: per i primi 10 cm hanno lo stesso colore dei capelli naturali e poi sfumano schiarendosi fino alla punta. Mia figlia mi chiede sempre le ciocche azzurre per tornare a scuola dopo l'estate, e ogni anno rimango impressionato da quanto a lungo le durino, nonostante bagni in piscina e i giochi di una bambina di sette anni.

La consulenza

Tra gli aspetti che più amo del mio lavoro, la consulenza ha sicuramente un suo posto in cima alla lista, poco importa se virtuale o di persona. Per iniziare dedico sempre qualche minuto a capire chi ho davanti: capelli, vestiti, trucco sono degli indicatori molto importanti che ci parlano della cura e dell'attenzione che la persona dedica a se stessa.

Le extension richiedono una manutenzione diversa dai capelli naturali (più avanti ve ne parlerò approfonditamente), pertanto è essenziale che la persona abbia già un elevata predisposizione alla cura personale. Altrettanto importante è capire quali sono le sue abitudini e il suo lo stile di vita così da poterle suggerire la migliore tipologia di extension.

In che modo? Vi faccio un esempio: se arriva in negozio una persona che pratica molto sport, abituata a lavare i capelli tutti i giorni, non le proporremo delle extension da 60 cm ma cercheremo di indirizzarla su extension da 40 cm, così da non appesantirla troppo nei movimenti o incastrarla in una manutenzione eccessivamente complicata.

Tre sono essenzialmente le cose da scegliere durante la consulenza: il colore, la quantità di ciocche e la forma (taglio) che si vuole dare alla chioma. Per quanto riguarda la quantità è essenziale applicare la giusta misura perché l'extension sia invisibile. Se sono troppe si vedranno, ugualmente se sono troppe poche: per fare un infoltimento normalmente utilizziamo 40-50 ciocche, mentre per un allungamento 100-120 ciocche.

In alcuni casi capita che, mentre siamo al lavoro, il numero di ciocche che andiamo ad utilizzare sia diverso da quello prefissato durante la consulenza. Questo perché la nostra attenzione è sempre rivolta a creare un effetto naturale: se mentre applichiamo il trattamento ci accorgiamo che questo criterio viene meno, aumenteremo o diminuiremo il numero di ciocche fino ad ottenere un risultato esteticamente soddisfacente.

Essere degli specialisti significa anche questo: essere in grado di guidare la/il cliente nelle scelte. Le persone lo sanno e sono felici di affidarsi alle nostre mani esperte. Il risultato le lascia sempre tutte senza parole. La forma è determinante per dare risalto ai lineamenti. Un buon taglio deve accompagnare la linea del mento e della mandibola evidenziando l'ovale del viso e ammorbidendo i tratti più marcati.

Evidentemente ogni taglio sarà fatto su misura per la/il cliente. Allo stesso modo il colore viene valutato in base alla tonalità della pelle, alla tinta dell'iride e delle sopracciglia, etc. Alla fine, lo specialista in extension è un consulente di bellezza, colui che tramite il trattamento riesce a creare una bellezza personalizzata.

Consigli per la cura delle extension e dei capelli

Partiamo da un presupposto importante: quando si parla di cura dei capelli, bisogna avere sempre in mente che il capello, a differenza della pelle, non si ricostruisce autonomamente. Trattandosi di una sostanza morta non esistono piastrine o simili che arrivano in soccorso per rimediare ad un taglio o una bruciatura.

Per tanto, se viene danneggiato, rimane così. Inevitabilmente i capelli con il tempo si rovinano perché sono soggetti ad usura: abbiamo tutti le punte più sottili perché più consumate. Detto ciò, è evidente che l'unica soluzione per avere dei capelli sani sia attuare comportamenti preventivi, proteggendoli prendendocene cura con i prodotti giusti.

A ciò si aggiunge che le extension, specie le nostre ciocche Alchemica composte di preziosi capelli naturali, necessitano di una manutenzione particolare, indispensabile affinché non si vengano a creare problemi e fastidi vari. Il più importante comportamento da seguire è ovviamente quello di acquistare solo prodotti di qualità ed effettuare trattamenti specifici. Vediamoli nel dettaglio.

1. Verificate sempre di acquistare solo shampoo che non contenga laurilsolfato di sodio (quelli del supermercato ce l'hanno tutti), poiché è il principale responsabile della produzione della schiuma ma è anche un detergente estremamente aggressivo. Un uso ripetitivo secca i capelli li spoglia degli olii essenziali.

2. Una volta al mese noi consigliamo di effettuare due trattamenti, che possono essere fatti sia da casa che qui in negozio. Nel caso si decida di effettuarli in autonomia suggerisco prima di chiamarci o venirci a trovare per una consulenza, così da essere indirizzati sui prodotti più adatti, a seconda del tipo di capello, e ricevere istruzioni per una corretta applicazione.

Il primo trattamento è la ricostruzione. Dopo lo shampoo, quando il capello è pulito, viene applicata una maschera alla cheratina (che come abbiamo detto è il principale componente dei capelli). Nello specifico si va a ringiovanire la fibra capillare, restituendo ai capelli gli strati di cheratina che con il tempo sono stati consumati. Il secondo trattamento è di idratazione. Anche questo viene effettuato dopo lo shampoo ed è a base di acido ialuronico. Questa sostanza ha caratteristica di trattenere l'acqua nei capelli così che rimangano sempre morbidi ed idratati.

3. Per quanto riguarda maschere e balsami bisogna evitare assolutamente prodotti a base di alcool che, come abbiamo visto prima, sciolgono la cheratina.

4. Le extension non essendo attaccate alla radice hanno bisogno di essere idratate. Per questo consigliamo due tipi di finish: il latte o le gocce (come l'olio di Argan) che si possono utilizzare sia sul capello bagnato, prima dell'asciugatura, sia quando sono asciutti per mantenere le punte idratate.

Questi due trattamenti sono ancora più raccomandati per chi ha i capelli – e di conseguenza le extension – ricci. Io li paragono sempre ad una pianta: se gli dai solo acqua nel tempo soffre perché ha bisogno anche di altri nutrimenti. Allo stesso modo è necessario nutrire i capelli ricci con la cheratina e rinforzarli con l'acido ialuronico.

Se cerchi qualcosa di specifico puoi scrivermi in direct, io o qualcuno del mio staff ti indirizzeremo sul prodotto più adatto alle tue necessità. Altrimenti puoi trovare i prodotti da me selezionati sul sito www.emanuelecapano.it, nella pagina dedicata allo shop online.

Negli ultimi mesi, io e Flavia, abbiamo lavorato alla creazione di una linea tutta nostra che sarà presto disponibile all'acquisto. Come per le nostre ciocche Alchemica, abbiamo capito che era ora di fare un salto di qualità dando vita ad un nuovo prodotto, specifico per chi indossa le extension e vuole prendersene cura al meglio.

5. Visto che le extension sono applicate per tenere le ciocche in una precisa posizione, i capelli non devono essere né lavati né spazzolati a testa in giù. Noi consigliamo sempre di spazzolare i capelli almeno due volte al giorno con la spazzola Alchemica, perfetta per le Extension o per togliere nodi, e di lavarli due volte a settimana. Il lavaggio deve avvenire in posizione eretta nella doccia o dal parrucchiere. Una particolare attenzione va riservata al risciacquo per evitare che residui di shampoo e balsamo possano rimanere sul capello.

6. Per asciugare i capelli bagnati bisogna prima tamponarli con un asciugamano di cotone per poi procedere con il phone. Noi consigliamo sempre di dividere la chioma in almeno tre sezioni,

così essere sicuri di asciugare bene anche i punti di applicazione delle extension. Anche nel caso preferiate lasciare che i capelli si asciughino in maniera naturale, le applicazioni è sempre meglio asciugarle con il phone.

7. Per dormire, per farsi il bagno in mare o in piscina ed in tutte le circostanze in cui i capelli sono sottoposti a stress, consigliamo di legarli con una coda o meglio ancora una treccia. Così facendo eviterete la formazione dei nodi ed otterrete delle bellissime onde naturali una volta sciolti.

8. Quotidianamente una persona perde, in media, 80-100 capelli che vengono eliminati giorno dopo giorno spazzolandoli e lavandoli. I punti di giunzione delle ciocche trattengono una parte di quei capelli caduti. Per evitare che le radici si annodino, è necessario procedere al cosiddetto taglio di pulizia all'incirca ogni quattro settimane (nel nostro negozio questo servizio è compreso nel prezzo delle extension e quindi totalmente gratuito).

RIEPILOGO DEL CAPITOLO 2:

- SEGRETO n. 1: Utilizzare solo capelli Remi Vergini. Capelli che non sono mai stati sottoposti a trattamenti chimici e che sono stati raccolti nella direzione del capello.

- SEGRETO n. 2: Massimo rispetto dei capelli al momento dell'applicazione e rimozione delle ciocche.

- SEGRETO n. 3: Colori per ogni esigenza, dal cambio di look alla tonalità che meglio si uniforma al colore naturale.

- SEGRETO n. 4: Lo specialista in extension è prima di tutto un consulente di bellezza.

- SEGRETO n. 5: Le extension sono bellissime e preziose, bisogna averne cura. Lavarle con i prodotti giusti, asciugarle con strumenti professionali e usare la spazzola più volte al giorno.

Capitolo 3:
Sfatiamo qualche mito

Quanti di voi pensano che le extension rovinino i capelli? Sono sicuro che siete in tanti. Questa convinzione deriva da brutte esperienze, dai racconti di un conoscente, da foto viste su internet di teste finte e ciocche attaccate con la colla? Beh, è una convinzione corretta, a meno che non vi affidiate ad un professionista.

L'applicazione più pericolosa è sicuramente quella fatta da autodidatta (a meno che non parliamo di clips e fermagli), subito seguita da quella effettuata dai parrucchieri generalisti che utilizzano sistemi come resine e pinze a caldo. Rovinando i capelli in modi diversi: bruciandoli, stressando le radici o rendendo le extension semplicemente impossibili da rimuovere a meno di non tagliare i capelli.

Per questo è fondamentale affidarsi alle mani di un professionista che non solo non danneggerà il vostro capello ma anzi lo renderà più forte e sano. Siete curiosi di scoprire come? Ebbene, la prima fondamentale distinzione sta negli strumenti utilizzati. Niente colle, nodi, cuciture, cere o altri metodi di applicazione che possono danneggiare i capelli. Noi utilizziamo solo un sistema di montaggio con cheratina e applicazione a freddo ultrasonico.

Innanzitutto, la cheratina, per chi non lo sapesse, è una proteina, costituita da aminoacidi, vitamine ed oligoelementi, e rappresenta il principale costituente di peli, capelli ed unghie. Attraverso un lungo procedimento viene estratta dai capelli e può essere utilizzata per diversi scopi, nel nostro caso come elemento fissativo per le extension.

Per creare la cheratina i capelli vengono sciolti e poi addensati grazie all'unione con un polimero. Quando utilizziamo il sistema ad ultrasuoni le vibrazioni rendono la cheratina di nuovo morbida, cosicché, attraverso la pressione della pinza, i capelli naturali vengono inglobati da questa sostanza. In pochi secondi il composto torna ad essere duro trattenendo i capelli imprigionati all'interno. Con lo stesso principio, al momento della rimozione delle ciocche utilizzeremo un liquido a base di alcool che ammorbidirà nuovamente la cheratina allentando la presa sullo stelo del capello.

Con una pinza andremo poi a rompere l'involucro più duro. In questo modo le ciocche si sfileranno via senza rovinare il capello. (Link al video:

https://www.facebook.com/capanoemanuelextension/videos/874715439684545/?sfnsn=scwspmo). Il nemico della cheratina in generale è l'alcool. Molti prodotti economici, soprattutto balsami e maschere contengono alcool, così come le lozioni anti caduta, utilizzarli provoca la perdita di tenuta delle ciocche. La pinza a freddo ultrasonico, invece, ci permette di non scaldare il capello e di realizzare dei fissaggi piatti, ancora più invisibili e delicati dei comuni cilindri o anelli.

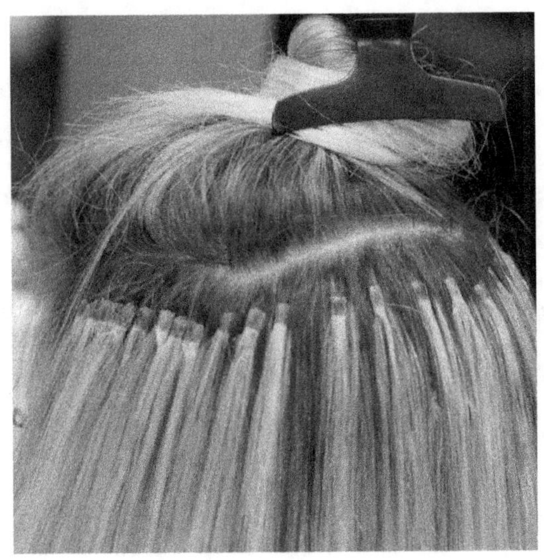

(Link al video:

https://www.instagram.com/reel/CF1zvv8KaYE/?igshid=1ul75ey

n981r2)

Grazie tutte queste attenzioni le nostre ciocche sono perfette anche dopo sei sette mesi dall'applicazione e le togliamo solo per ragioni estetiche (quando iniziano a vedersi per via della ricrescita). Differentemente, quando le extension vengono attaccate a caldo (300 gradi), i capelli si bruciano e le ciocche dopo qualche mese iniziano a staccarsi per via del peso della cheratina e della sofferenza del capello.

Inoltre, quando vengono rimossi, sistemi come resine e colle strappano il capello a cui sono appiccicate. Questo metodo di ultima generazione unisce le ciocche ai capelli consentendo un'applicazione naturale e resistente ai più diversi stress (sport, sudore, acqua).

Il mio consiglio è di affidarsi sempre a parrucchieri che utilizzano l'applicazione a freddo ultrasonico, non fatevi corrompere da alcune centinaia di euro in meno, la posta in gioco è troppo alta e preziosa per rischiare di rovinarla. (Link al video esplicativo: https://www.facebook.com/capanoemanuelextension/videos/1916 790165284154/?sfnsn=scwspmo)

La seconda differenza purtroppo è un po' più imprevedibile in quanto risiede nelle capacità del parrucchiere a cui affidate i vostri capelli. In questo caso, l'unico modo per fare una scelta priva di rischio è quello di scegliere uno specialista con anni di esperienza, di specializzazione, di studio e di ricerca alle spalle.

Un parrucchiere con poca esperienza potrebbe, pur facendo un'applicazione da manuale, creare troppa trazione sulle radici (problema che riscontro spesso in clienti che hanno utilizzato un sistema di extension a fasce). La trazione crea sofferenza alle radici che reagiscono indebolendosi fino a perdere del tutto vitalità e staccarsi insieme all'extension quando questa viene rimossa. Un uso ripetitivo di questo sistema genera alopecia.

È fondamentale affidarsi ad un professionista che utilizzi il metodo alla cheratina, così l'applicazione delle extension potrà solo portare benefici ai vostri capelli. Vi spiego come:

1. Quando applichiamo le extension, soprattutto in estate, queste si comportano come un cappello. Generalmente esse vengono disposte, seguendo una linea immaginaria che va da un orecchio all'altro. In tal modo proteggono da sole, vento e acqua tutti i capelli al di sotto e, quando toglieremo le extension, i capelli naturali saranno più forti e più lunghi.

2. Quando i capelli vengono decolorati, specie se vengono utilizzati dei prodotti scarsi o particolarmente aggressivi, chiaramente si rovinano. Attraverso le extension riusciamo a fare delle schiariture senza danneggiare il capello che viene invece protetto. Il colore delle ciocche extension accostato al colore naturale genera nel complesso una tonalità differente, più chiara o più scura a seconda delle richieste della cliente/del cliente.

Oltre ad essere un procedimento più veloce e meno nocivo della decolorazione, la colorazione attraverso le extension permette di creare i look più stravaganti e di disfarli nel giro di una giornata. Quanti di voi ad esempio sono tentate/i dalla nuova moda per il fluo?

Magari hanno in programma un evento importante, una serata di gala, uno shooting fotografico, ma sono trattenute/i dal timore di danneggiare i propri capelli? Con le extension potete cambiare look senza limiti, consapevoli anzi della protezione che indossarle offre ai vostri capelli naturali.

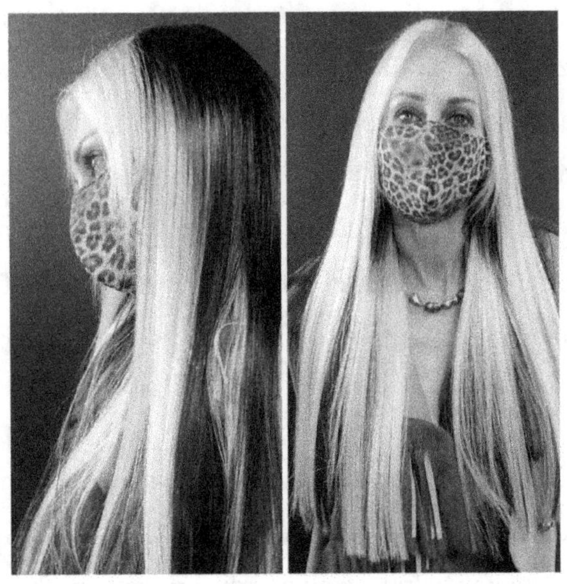

Mito da sfatare numero due. Molte persone, e anche alcuni parrucchieri, vedono le extension solo come uno strumento per rendere i capelli più lunghi. Parte del mio successo, invece, lo devo proprio all'aver pensato fuori dagli schemi, non ponendo limiti ai suoi utilizzi. Abbiamo già parlato delle extension come protezione del capello, e come alternativa alla decolorazione. Ora vediamo come possono essere usate per infoltire la chioma.

Mi è capitato spesso di avere a che fare con donne che stavano perdendo i capelli a causa di un forte stress (post-parto, rottura con il partner, etc.) o perché si erano recentemente sottoposte alla Chemioterapia o per via di una caduta androgenetica. Iniziare a perdere i capelli, a maggior ragione se la persona ha sempre avuto una bella chioma, può essere vissuto in maniera molto tragica, con veri e propri attacchi di panico e grandi crisi di svalutazione.

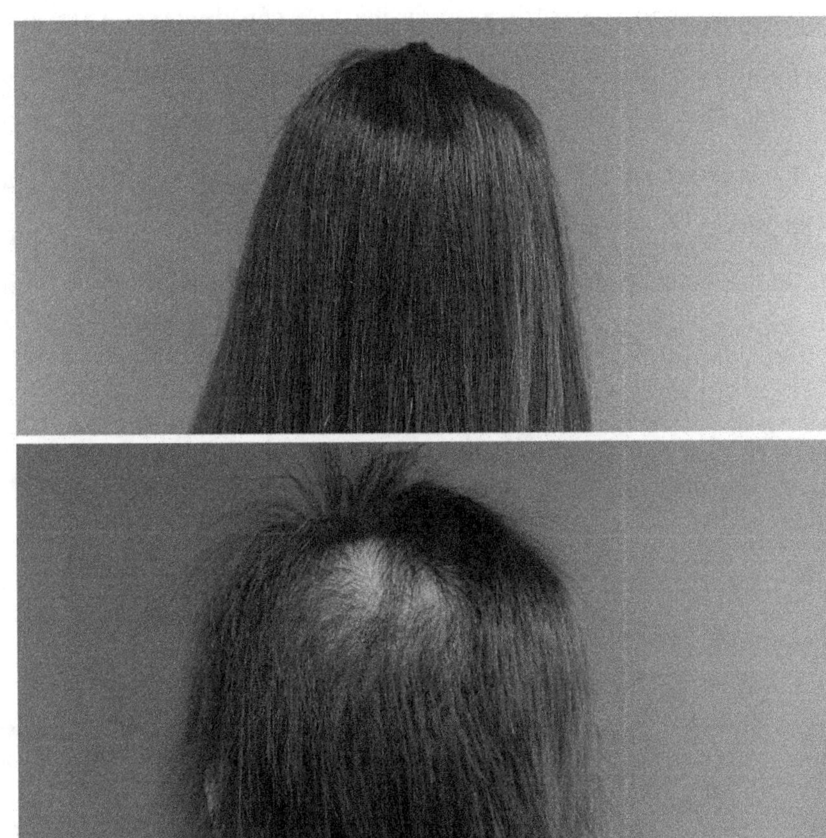

In questi casi l'infoltimento è davvero uno strumento che può cambiare la vita. L'ho visto su diverse mie clienti: dopo il trattamento non sembravano le stesse donne e non solo per l'aspetto estetico ma per la luce che le brillava negli occhi. Si esprimevano con più convinzione e più sicurezza. Anche la postura spesso cambiava, fiere di sfoggiare una splendida "criniera", tenevano la schiena più dritta, il mento più alto.

Chiaramente l'infoltimento può essere una soluzione particolarmente indicata anche per casi meno gravi, dove i capelli sono semplicemente sottili o radi. È incantevole osservare il cambiamento: quello che per molte donne è sempre stata una debolezza improvvisamente diventa un punto di forza. Quanti/e di voi hanno problemi coi propri capelli perché troppo fragili, perché si spezzano facilmente e non riescono a crescere oltre le spalle, o perché sembrano già sporchi poco dopo averli lavati? Sappiate che qualcuno ha studiato una soluzione per voi.

Nella pratica, per applicare questo trattamento, dividiamo le nostre ciocche a metà creando delle micro-ciocche da 0,5 grammi che ci permettono di andare ad infoltire anche la parte superiore della testa, rimanendo perfettamente invisibili. Generare un effetto omogeneo e naturale è sempre in cima alla lista degli obiettivi da raggiungere quando si parla di extension. Vi invito a dare un'occhiata alla nostra pagina Instagram o Facebook e lasciarvi sorprendere dai risultati (@emanuelecapanoextension).

Qualche giorno fa mi ha contattato una ragazza sulla nostra pagina Instagram. Mi ha parlato dei suoi capelli, del fatto che sono fini, che fanno fatica a crescere, che le punte sono ormai svuotate. Mi ha detto che la situazione è peggiorata molto a seguito di due parti a poca distanza uno dall'altro. In più sente che sta vivendo un periodo di cambiamento e, come spesso fanno le donne, vuole ripartire con un cambio di capelli.

Una ragazza come tante che si era rassegnata ad avere dei capelli sempre rovinati e spenti fino a che ha scoperto noi. Sono così felice di poterla prendere per mano (come da sua richiesta) e introdurla in questo mondo che le cambierà la vita. Non vedo l'ora di sorprenderla con una chioma che sicuramente non immaginava più di poter avere e che forse non ha mai avuto nemmeno da ragazza. A volte mi sento come la fata di Cenerentola ma senza la fregatura dell'incantesimo che finisce a mezzanotte.

Le ho applicato 50 ciocche della mia linea Alchemica per infoltire la chioma. Il risultato era così invisibile e naturale che stentava a credere ai suoi occhi. Pur facendo questo lavoro da tanti anni non vi nego che è ancora un'emozione vedere quanto cambiano le mie clienti dopo un trattamento: sono molto più sicure di sé e sprigionano tutta un'altra energia. Di seguito trovate due foto a confronto, prima e dopo. Giudicate voi stessi il risultato:

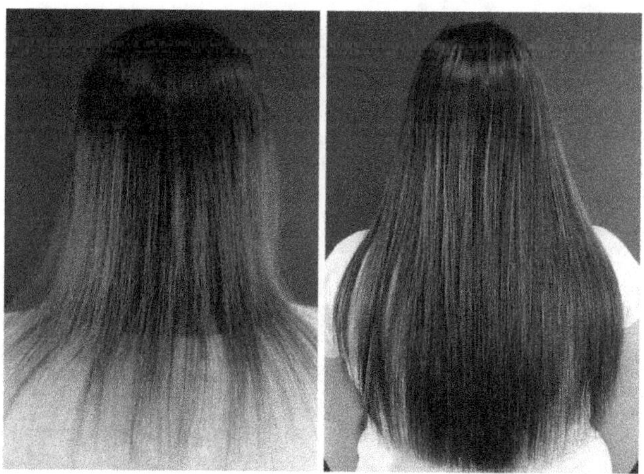

Questa ragazza è venuta da noi perché, dopo anni di fatica e stress nel suo ruolo di neomamma, sentiva un forte bisogno di riconciliarsi con la sua parte estetica e ritrovare la sua energia leonina. Ma ci sono anche altri casi che vengono solo per cambiare look e che hanno già un ottimo rapporto con la propria autostima.

Come Paolina una ragazza affascinante e super glamour, esperta di moda e di fitness. L'ultima volta che è stata in negozio abbiamo concordato di applicarle 120 ciocche da 60 cm, di un biondo freddo senza toni gialli, per ottenere un effetto sofisticato e sexy che faccia risaltare i suoi lineamenti e la sua bellezza naturale. Non vi nascondo che l'effetto è stato spettacolare. Come amo il mio lavoro. (Link al post Ig:

https://www.instagram.com/p/CD3e2OKqgLh/?igshid=10fhcc62p sxrz)

A volte, invece, mi capita di dover riparare ad un danno momentaneo. Come l'altra mattina quando mi ha contattato la mamma di Martina, una ragazza di undici anni. La giovane ha avuto un piccolo incidente con i suoi capelli: le si è aggrovigliata una ciocca nel pettine. Dopo alcuni tentativi inutili la mamma si è rassegnata a tagliare i capelli ingarbugliati. Quello che forse non si aspettava è che la bambina provasse a sistemare il danno a modo suo, chiaramente peggiorando la situazione. Ora ha una bella chiazza di capelli lunghi un paio di cm proprio sopra la fronte.

Ci scrive per sapere se possiamo rimediare al danno. Le ho risposto che possiamo e lo faremo con piacere. Sarà un lavoro veloce dove applicheremo tra le 5 e le 10 ciocche a seconda della gravità del danno, nell'attesa che ricrescano i suoi capelli naturali.

Recentemente, grazie anche al maggior tempo a disposizione causato dalle diposizioni dei nuovi Dpcm, ho avuto modo di scoprire il meraviglioso mondo di Netflix. Mi diverto a cercare di indovinare in quali film o serie gli attori hanno già recitato, capita anche a te? Quando finalmente lo capisco, resto scioccato da come trucco, capelli, barbe, abbigliamento, etc. riescano a trasformare un personaggio al punto da camuffare l'attore che vi sta dietro.

Ebbene, anche nel mondo del cinema le extension giocano un ruolo chiave. Non solo extension per i capelli, nelle più disparate forme (da parrucchini a clips a vere e proprie ciocche montate solo per un paio di scene), ma anche per barbe e baffi. Forse in pochi sono al corrente che esistono tipologie di extension appositamente studiate per creare barbe cespugliose e baffi importanti.

Sono realizzate con lo stesso principio di parrucche e parrucchini: un film leggero e trasparente, a cui sono attaccate le extension, ricopre la pelle creando un effetto sorprendentemente naturale ed invisibile. Le applicazioni delle extension sono davvero infinite e possono rispondere alle esigenze più disparate. Ma la loro fondamentale caratteristica è sempre quella di essere un meraviglioso strumento di bellezza.

RIEPILOGO DEL CAPITOLO 3:

- SEGRETO n. 1: Per non rovinare i propri capelli è essenziale affidarsi alle mani di un professionista.

- SEGRETO n. 2: Portare le extension protegge i capelli: è come indossare un cappello 24 ore al giorno.

- SEGRETO n. 3: Le extension servono ad allungare ma anche ad infoltire le chiome di capelli sottili e radi.

- SEGRETO n. 4: Quando i capelli non crescono più, per invecchiamento precoce, stress o altre ragioni, le extension sono la soluzione che li rende di nuovo folti e lunghi.

- SEGRETO n. 5: Le extension come strumento sostitutivo alla decolorazione: perché rovinare i capelli se posso ottenere lo stesso effetto proteggendoli?

Capitolo 4:
Come diventare specialista in extension

La figura del leader

Ogni negozio ha alle spalle un leader carismatico, io mi sono trasformato in quello che serviva al mio. Il leader è colui che da vita al salone. Non si può prescindere dalla sua presenza che è determinante per dare un'impronta originale e sofisticata al brand. Per quanto riguarda la figura dello specialista in extension ho decodificato, basandomi sulla mia esperienza, alcune caratteristiche che ritengo necessarie per la credibilità di questa figura professionale:

1. Innanzitutto, lo specialista in extension deve perseguire una visione: creare bellezza nelle persone che incontra. Le persone sono al centro del suo lavoro: in quanto fonte di soddisfazione e guadagno.

2. L'obiettivo dello specialista è sempre quello di realizzare una extension invisibile attraverso la tecnica e il buon gusto estetico.

3. Lo specialista deve amare il proprio lavoro. Solo così potrà caricarsi dell'energia giusta per creare bellezza, rimanendo affidabile e credibile.

A questi tre punti potremmo affiancare una miriade di altre caratteristiche, che se sviluppate bene possono portare un capo ad essere un leader carismatico. Per me le più importanti sono: l'essere razionale, fondamentale per effettuare scelte concrete; essere metodico e preciso, in grado quindi di selezionare cosa è importante e cosa non lo è al fine di raggiungere i propri obiettivi; essere responsabile, in grado di assumersi la responsabilità delle proprie scelte e di imparare dai propri errori.

Inoltre, una spiccata predisposizione alla comunicazione è essenziale se si lavora in team o a contatto con il pubblico, ancora di più se sono entrambe le cose. Per concludere questo elenco aggiungerei di agire seguendo delle linee guida standard da mantenere, comportamenti da seguire. Più specifiche e pratiche sono le istruzioni, più facile sarà applicarle e farle applicare ai propri dipendenti. Ai miei, ad esempio, chiedo di effettuare la consulenza ad ogni cliente, nuovo o abituale, che entra in negozio; di conoscere a memoria il metodo di applicazione; di essere puntuali; di mantenere il salone pulito e in ordine; di avere una cura personale ottima e un atteggiamento positivo. "Il capo incute paura; il leader ispira entusiasmo", sostiene Harry Gordon Selfridge SR.

Il nome

L'altro passaggio importante per diventare uno specialista è il nome. Ho imparato a mie spese che le persone vogliono affidarsi a persone, specialmente in questo settore. Diventa fondamentale per distinguersi dalla massa non essere impersonali. Il vostro brand deve parlare di voi e della vostra personalità, della vostra leadership. Il modo migliore per ottenere questo risultato? Dare il vostro nome al brand, specialmente se siete italiani e avete un pubblico anche straniero.

Piccola parentesi autobiografica: quando ho aperto il mio salone l'ho chiamato "Colpi di testa", mi sembrava originale e simpatico e per un po' ha funzionato, ma ad un certo punto ha smesso di andare bene: sono cresciuto, mi sono formato, la mia personalità è venuta fuori prorompente e quel nome ha smesso di rappresentarmi.

Volevo essere riconosciuto per la mia professionalità e la qualità altissima del servizio che offro. E quindi l'ho ribattezzato "Emanuele Capano specialista in extension". In questo modo sto comunicando al mio pubblico che "sono disposto a metterci la faccia", che sono responsabile in prima persona per quello che accade nel mio negozio perché credo nella qualità del prodotto/servizio stesso. Di conseguenza, l'immagine del brand risulterà più solida e affidabile.

Il posizionamento

Per sbaragliare la concorrenza, però, non basta cambiare brand, serve una cosa che in gergo viene definita "posizionamento". È un concetto che deriva dagli studi di marketing e che mi è rimasto impresso per la sua semplicità ed efficacia.

Posizionare significa dare al proprio brand le caratteristiche necessarie per inserirsi nella mente dei consumatori, distinguendosi da tutti gli altri. "Preference requires difference". I migliori si posizionano così bene che quando il consumatore pensa ad uno specifico settore in realtà sta pensando ad un singolo marchio.

Ti faccio un esempio: hai presente lo Scotch? (sì, intendo proprio il nastro adesivo), lo sai che "Scotch" è solo uno dei tanti brand che produce il nastro adesivo? Si è posizionato così bene nella nostra mente, che da nome proprio di uno specifico prodotto è diventato sinonimo del prodotto stesso. Ecco a cosa dobbiamo puntare. Emanuele Capano sinonimo di specialista delle extension.

Chiaramente è più facile a dirsi che a farsi. Il nostro salone è nato nel 1998, eravamo parrucchieri generalisti, facevamo tutti i servizi, ma non eravamo esperti in nulla. A scuola mi avevano insegnato che offrire una vasta gamma di trattamenti ci avrebbe portato al successo, e in effetti all'inizio l'attività andava bene.

Qualche anno dopo, è iniziata la liberazione delle licenze e saper fare tutto non era più sufficiente per farsi distinguere: dietro l'angolo stavano aprendo altri dieci parrucchieri, con la nostra stessa lista di servizi ma a prezzi più economici.

La prima reazione è stata da manuale: abbassare i prezzi. Abbiamo iniziato a fare sconti, ad appoggiarci a siti di terzi per acquisire visibilità, pagando a caro prezzo nuovi clienti che una volta utilizzato il buono sconto non sarebbero più tornati. Toccare il fondo a volte serve per trovare la spinta che ti fa tornare in superficie. Io la spinta l'ho trovata nei corsi di Giacomo Bruno.

Di tutte le tecniche apprese durante i suoi corsi, il posizionamento è la prima ad avermi aiutato. Più avanti vi parlerò della seconda. Esistono varie tecniche di posizionamento, ad esempio:
- la più semplice è quella per prezzo: sei quello con i prezzi più bassi sul mercato. Attenzione a valutare bene la sostenibilità di questa scelta;
- per qualità del prodotto o del servizio;
- per la location.

Non importa in cosa decidi di differenziarti ma è essenziale che tu lo faccia. Io ho deciso di differenziarmi dagli altri parrucchieri offrendo un solo servizio di altissima qualità. Lavorando su un unico trattamento, ho potuto specializzarmi e affinare la mia tecnica fino a diventare uno specialista nel mio settore.

Adesso faccio corsi di formazione e ho clienti disposti ad attraversare l'Italia o che vengono apposta dall'estero. Non riuscivo ad attirare in negozio i clienti che passavano tutti i giorni davanti alle mie vetrine e adesso alcuni fanno apposta centinaia di chilometri per venire da me.

La pubblicità

Ma passiamo all'insegnamento numero due. Il posizionamento non è niente se non viene comunicato in maniera convincente. Potete diventare i migliori specialisti nel vostro campo ma se aspettate che per scoprirlo, il cliente entri in negozio e si affidi alle vostre mani, state sprecando una risorsa importante.

Non solo la comunicazione è fondamentale per attirare i clienti ma è anche il modo migliore per scegliere voi in che modo presentarvi al vostro pubblico. Quando lasciamo che a parlare di noi siano altri stiamo rinunciando alla possibilità di presentarci noi stessi, con le nostre parole. Chi potrebbe presentarti meglio di quanto faresti tu? Un tempo si lasciavano i biglietti da visita, oggi si suggerisce di guardare la pagina Instagram.

I social, se usati bene, rendono più di un cartellone pubblicitario in centro o di uno spot in televisione. Se sei attivo sui social sei presente nella vita dei tuoi follower: ti seguono e quindi ti "incontrano" virtualmente tutti i giorni. Di conseguenza quando penseranno ad un nuovo colore di capelli, ad un cambiamento di look, o a un infoltimento, penseranno a te.

In questo settore più che in altri mostrare quello che facciamo è fondamentale. Abbiamo già visto che quello che porta a scegliere le extension è una ragione estetica: il desiderio di essere più belle, più sexy o più affascinanti. Il nostro compito, attraverso sui social, è mostrare come fare.

Abbiamo il grande vantaggio di lavorare con contenuti che sono già belli, basta utilizzare le luci giuste e uno sfondo neutro per creare foto che catturino l'attenzione. Per le stesse ragioni i nostri messaggi pubblicitari devono concentrarsi sui benefici delle extension. Ad esempio: "Perché le extension cambieranno la tua vita? Ecco tre ragioni per scegliere il nostro trattamento:

1. Improvvisamente i tuoi capelli saranno più lucidi, più folti e più lunghi.

2. Potrai cambiare colore semplicemente applicando le extension senza bisogno di decolorare i tuoi capelli naturali.

3. In qualche mese, quando rimuoverai le extension i tuoi capelli saranno più forti e sani.

I servizi correlati

Altro passaggio importante è la creazione di prodotti e servizi correlati, quei servizi che completano l'offerta, aumentando il valore dei miei prodotti, ma senza comportare un eccessivo investimento di risorse. Offriamo più servizi, risparmiando. Interessante, vero? In linguaggio tecnico stiamo parlando di "economie di scopo".

Esistono dei servizi che possono essere prodotti con gli stessi fattori produttivi che utilizzo per il servizio main core: se utilizzo le capacità dei miei dipendenti per offrire servizi come il colore, la piega, il trattamento antigiallo e tutti quei servizi che servono a mantenere le extension meravigliose, non sto sostenendo dei costi extra perché sto sfruttando i medesimi fattori produttivi (stesse risorse, stessi impianti, stesso know-how) per produrre servizi diversi.

In questo modo sto generando un risparmio perché riesco a produrre profitti maggiori sostenendo gli stessi costi. Lavorare con le extension non è una cosa da tutti. I parrucchieri generalisti faticano a prendersi cura di chiome con le extension, anche semplicemente per una piega o un taglio.

Le ragioni sono diverse: innanzitutto si tratta quasi sempre di capelli molto lunghi; in secondo luogo le extension richiedono, per non essere rovinate, l'utilizzo di prodotti specifici che non tutti i parrucchieri tengono in negozio; terzo, per evitare di rimuovere le extension mentre si maneggia il capello ci vuole una manualità particolare che si acquisisce solo con la pratica.

Queste ragioni ci posizionano un passo avanti a tutti gli altri parrucchieri anche nei servizi correlati all'applicazione delle extension. Chi utilizza le extension preferirà il nostro negozio rispetto ad altri anche solo per fare una piega. Ad esempio, prima dell'applicazione delle extension bionde farò un trattamento colore e antigiallo sulle lunghezze (link al video:

https://www.instagram.com/p/CG2UjsbBcE9/?igshid=z53gs3s6oc kp)

La formazione

Tutto chiaro fino a qui? Sei pronto ad aprire il tuo negozio come specialista delle extension? Ti sto prendendo in giro. Chiaramente la scelta di posizionarsi come specialista deve essere supportata dalla formazione e dalla pratica. Non ci si sveglia la mattina specialista in extension. Il mio percorso è stato lungo ma fondamentale per acquisire le skills necessarie a conoscere il capello e i diversi modi per trattarlo.

Vedila così: la formazione hai già iniziato a farla acquistando questo libro, e credimi i consigli che ti sto dando valgono anni di esperimenti, errori e successi. Purtroppo, da solo non basta, in questo campo il sapere teorico e quello pratico devono andare di pari passo.

Per questo ho creato dei corsi, un concentrato delle conoscenze che ho acquisito sul campo, in grado di formare i futuri aspiranti specialisti delle extension in pochi mesi e prepararli per un viaggio che gli cambierà la vita (da pochi mesi sono anche online). Ci vuole dedizione, passione ed impegno per affrontare questo percorso, quelle non le possiamo mettere noi, ma per tutto il resto io e il mio team facciamo l'impossibile per assistere i nostri allievi:

- offriamo la formazione migliore;
- gli strumenti più avanzati (come la pinza ad ultrasuoni e la mia linea Alchemica);
- un sito e-commerce personalizzato;
- il nostro software per incrementare il numero di follower sulle pagine Instagram e Facebook;

- il nostro supporto.

La passione

La passione elimina la sofferenza del lavoro. Quando ero un parrucchiere generalista facevo un servizio che odiavo: la piega alle signore con spazzola e phon. Mi sembrava che il tempo non passasse mai. A scuola era la permanente a torturarmi: pagavo le mie amiche per montare i bigodini al mosto mio.

Con le extension, invece, è stato diverso dall'inizio. Ricordo quando ho applicato la prima ciocca di capelli ed è stato subito amore. La passione fa sì che scriva questo libro, mi rende felice di lavorare, mi mantiene giovane la mente. Passione, stima e gratificazione economica mi rendono libero e felice. "Scegli il lavoro che ami e non lavorerai mai, neanche per un giorno in tutta la tua vita" sosteneva Confucio. Il grande filosofo cinese potrebbe aver scritto questa frase per me. Inoltre, è la passione che spinge a migliorarci e a crescere. Personalmente non smetto mai di formarmi.

L'ultimo corso al quale ho partecipato mi è servito a diventare consulente di bellezza. Ci hanno insegnato a guardare al/alla cliente nella sua complessità: il modo in cui è vestito/a, truccato/a, la forma del viso, il colore degli occhi e dei capelli... tutte queste caratteristiche devono essere considerate ogni volta che si decide quale look applicare. Riuscire a far risaltare la bellezza propria della persona, invece che applicare dei canoni presi da altri, è una delle virtù di cui oggi vado più fiero.

RIEPILOGO DEL CAPITOLO 4:

- SEGRETO n. 1: Lo specialista in extension è un professionista, con una missione chiara e precisa: creare extension precise e di buon gusto estetico.

- SEGRETO n. 2: Lo specialista conosce le regole etiche, sa a memoria come si esegue un trattamento extension, sa tenere pulito e in ordine il salone, ha un'energia equilibrata.

- SEGRETO n. 3: L'importanza del posizionamento: essere il primo nella mente delle persone perché il secondo non viene ricordato.

- SEGRETO n. 4: I servizi correlati: mantenere le extension offrendo servizi inerenti che permettano di avere sempre dei capelli perfetti.

- SEGRETO n. 5: Alla base di tutto c'è sempre la formazione. La scelta di posizionarsi come specialista deve essere supportata dalla formazione e dalla pratica.

- SEGRETO n. 6: Fai della tua passione il tuo lavoro. Il denaro sarà la conseguenza naturale della tua nuova vita.

Capitolo 5:

Il marketing dello specialista

In questo capitolo voglio concentrarmi su un argomento importantissimo per un imprenditore: il marketing formativo. Si tratta di una tecnica ideata da Giacomo Bruno, da anni argomento fondamentale dei suoi corsi. Vi ho già accennato a come i corsi di Giacomo mi abbiano letteralmente aperto gli occhi su un modo nuovo di fare marketing.

In questo capitolo voglio entrare più nel dettaglio, raccontarvi quali sono stati gli insegnamenti più importanti e mostrarvi come applicarli abbia cambiato la mia vita. Partiamo dal principio: perché mi sono iscritto ad un corso di marketing formativo? Come vi ho accennato nell'introduzione, prima di diventare "lo specialista delle extension" sono stato per tanti anni prima barbiere e poi parrucchiere generalista.

Ho avuto i miei alti e bassi fino a che le cose hanno iniziato ad andare male e mi sono ritrovato in un tunnel. Più sforzi facevo per attirare clienti e meno questi arrivavano, stavo per chiudere la mia attività. Un giorno, navigando in Internet, mi imbatto in una pubblicità di Giacomo e del suo corso di Marketing Formativo.

Parlava di come sia diventato sempre più difficile vendere al giorno d'oggi e di come le cause siano principalmente due: la concorrenza sempre maggiore e un cambiamento nel modo di fare acquisti. In 48 ore avevo guardato praticamente tutti i video gratuiti sul suo canale YouTube. Finalmente mi sentivo capito, c'era qualcuno che aveva fatto un percorso simile al mio, aveva avuto dei problemi simili ai miei ed era riuscito a risolverli. Come? Con il marketing formativo. Era ora di tornare a lezione.

Il primo insegnamento è stato l'importanza di differenziarsi dalla concorrenza, di offrire qualcosa di unico, in altre parole il posizionamento (di cui ti ho parlato nel capitolo 4). Il secondo? Un modo per comunicare questa differenza. Ed eccoci arrivati al fulcro del libro.

Bisogna partire da un presupposto: sono cambiate le tecnologie e sono cambiate le persone. E non sto parlando del 1944 rispetto ad oggi, sto parlando di questo periodo, di questo pazzo 2020. Chi di voi non ha mai sentito pronunciare la frase: "Sei quello che Google dice di te" oppure "se non sei su Facebook non esisti?". Questa è la realtà in cui ci troviamo oggi.

Se vogliamo restare in piedi non possiamo permetterci di rimanere fossilizzati su una realtà che non esiste più, aspettando che il mondo torni a girare come prima. Il mondo è cambiato, il modo di fare acquisti è cambiato, sono cambiati i mercati, è cambiato il modo di informarsi e di relazionarsi con gli altri. È cambiato tutto. Bisogna studiare, formarsi, crescere e soprattutto aggiornare la nostra comunicazione.

Come faccio a comunicare in modo efficace e al passo coi tempi? Innanzitutto, devo individuare il mio target. Se, come me, vi rivolgete principalmente alla fascia tra i 20 e i 50 anni sappiate che non potete prescindere dai social.

I contenuti

Sono anni, ormai, che non funziona più la pubblicità persuasiva. Oggi le persone non vogliono essere persuase, vogliono fare una scelta consapevole. Vogliono sapere esattamente cosa stanno acquistando, le origini del prodotto, i benefici e i rischi. Per far sì che le nostre pubblicità riscuotano l'effetto desiderato devono offrire dei contenuti di valore, devono formare il cliente a quello che sta acquistando o che pensa di acquistare.

"Il segreto del successo è solamente uno: più i tuoi clienti saranno formati e educati verso i tuoi prodotti e servizi, maggiore sarà il risultato economico che riuscirai a generare. Perché ricorda, l'obiettivo del marketing non è generare una vendita, ma generare un nuovo cliente", dice Giacomo Bruno

E quale modo migliore di formare le persone verso i tuoi prodotti che essere tu stesso a farlo? Io ho iniziato aprendo una pagina Instagram e Facebook e raccontando in prima persona delle extension: come si applicano, come prendermene cura, come sceglierle, parlando sia delle caratteristiche tecniche dei miei prodotti che dei benefici. Non mi stavo rivolgendo a qualcuno in particolare, agli altri parrucchieri, a possibili clienti o a professionisti di altri settori, mi stavo rivolgendo a tutti. Davo informazioni di valore gratuite attraverso i social. Anzi ero io a pagare per ottenere visibilità con i miei post.

La prima cliente, che è arrivata in negozio grazie ad una sponsorizzata su Instagram, è stata Camilla. È ancora mia cliente e ormai ha un posto speciale nel mio cuore. Lei è stata la prova che avevo preso la strada giusta. Poco dopo ne sono arrivate altre, tutte grazie ai post che avevo fatto, ai contenuti che avevo condiviso. Dalle informazioni che mettevo nei post, mi dicevano, si capiva tutta la mia esperienza e le mie conoscenze nel settore.

Questo le ha spinte a scegliere il mio negozio invece che quello di un altro parrucchiere. Un'altra ragione per cui il marketing formativo funziona così bene è che si differenzia dal tipo di pubblicità a cui in questi ultimi anni ci siamo assuefatti. Ogni giorno veniamo bombardati da pubblicità e advertising su una miriade di prodotti diversi, il nostro cervello si è allenato a riconoscere e "censurare" automaticamente le informazioni inutili. Per questo quando facciamo pubblicità al nostro prodotto è importante che, qualsiasi mezzo utilizziamo, il messaggio contenga informazione di valore.

In questo momento di crisi e confusione, dove le fake news rappresentano una presenza giornaliera nelle nostre vite, essere trasparenti e chiari premia. Così come premia usare un linguaggio semplice e dare prova di quello che facciamo attraverso le immagini.

La legge dell'influenza

La legge dell'influenza dice che per vendere tanto oggi devi influenzare milioni di persone. Come? Pagando la visibilità sulle piattaforme social. Attraverso piattaforme come Facebook, Twitter, Linkedin, Pinterest, Instagram, etc., oggi è possibile creare un tipo di pubblicità (Social Ads) basata sulle inserzioni.

Si tratta di strumenti relativamente semplici da utilizzare e che hanno l'aspetto dei post organici (gratuiti). Vengono visualizzati insieme agli altri post nelle home delle varie piattaforme social. La differenza? Sono a pagamento e ci permettono di raggiungere milioni di persone. Vediamo come.

Innanzitutto, queste piattaforme creano un collegamento diretto tra la pubblicità e il tuo profilo. L'utente interessato sarà condotto al tuo profilo, o al tuo sito web, con un semplice click. Oltre all'immediatezza e intuitività di questo passaggio, gli Ads permettono di fare una profilazione del target. Impostare cioè dei criteri per selezionare il tipo di utente a cui vogliamo arrivi il nostro messaggio pubblicitario. Gli utenti raggiunti con questo sistema non saranno scelti a caso, ma saranno soggetti già potenzialmente interessati ai nostri prodotti/servizi.

Implicitamente, i post vengono mostrati solo ad utenti che non sono ancora nostri follower: se con quindici euro di pubblicità posso raggiungere mille persone, ad esempio, significa che ho la possibilità di presentarmi personalmente a mille persone che non avevano mai sentito parlare di me.

La visibilità è a pagamento, lo sapevamo già. Ma quale altro canale pubblicitario permette, con una cifra così irrisoria, di raggiungere un pubblico così grande? Nessuno. Forse una volta si poteva contare sul passaparola ma, ahimè, è cambiato anche quello. Adesso bisogna saper usare questi strumenti, imparare il linguaggio dei social e sviluppare dei sistemi che ci permettano di migliorare la visibilità.

L'alternativa? Affidarsi ad un professionista che lo faccia per te. Ad esempio, volendo entrare più nel dettaglio, sai qual è l'engagement rate del tuo profilo Instagram? Ovvero quante persone interagiscono ogni giorno con i tuoi post in relazione al numero dei followers? Questo dato è il primo che deve essere considerato per capire se il profilo ha o meno visibilità.

Se ti stai chiedendo dove trovarlo sappi che basta digitare sul tuo browser "analisi Instagram" ed utilizzare una delle tante piattaforme suggerite. Tutti i profili Instagram dopo essere stati analizzati vengono "bollati" come profili rossi o verdi. I profili verdi sono quelli con maggiore visibilità, che vengono proposti più spesso nelle bacheche Instagram, nei video preferiti, nelle Igtv, nei Real tv etc., quelli rossi non li vede nessuno (e ovviamente sono la maggior parte).

Fallo ora, di che colore è il tuo profilo? Se è verde ti faccio le mie più sentite congratulazioni, se è rosso hai bisogno di appoggiarti a un sistema di pubblicità a pagamento. Io e il mio team ne abbiamo sviluppato uno che permette, nel giro di qualche settimana, di fare il salto e cambiare colore, ovvero da visibilità al tuo profilo, aumenta il numero delle interazioni e dei followers e di conseguenza il numero dei clienti.

Combiniamo questo sistema occupandoci anche degli annunci su Google, i famigerati "Google Ads", sono loro che permettono di comparire tra i primi risultati ogni volta che qualcuno cerca uno specialista nel tuo settore. Io stesso uso questo sistema tutti i giorni per pubblicizzare la mia pagina e i miei servizi su ottenendo risultati stupefacenti. Cosa vuol dire "stupefacente" in numeri?

Questo: la settimana scorsa la mia pagina Instagram è stata vista da 300 mila persone, 30 mila hanno interagito lasciando like o commentando i miei post, molte della quali diventeranno, o sono già diventate, mie clienti.

Quante persone, la scorsa settimana, credi che abbiamo staccato gli occhi dal cellulare passando davanti alla vetrina del mio negozio? Forse una decina. E quante di queste pensi siano entrate incuriosite (non per via di un appuntamento o perché mi conoscevano già grazie ai social)? Forse un paio. Eppure, il mio negozio è ben localizzato, le vetrine, ovviamente curatissime, si affacciano in una delle piazze principali del paese dove abito.

Quindi mi chiedo preoccupato: i miei colleghi parrucchieri, che non usano questi strumenti di marketing, come sopravvivono? La mia speranza è proprio che questo libro possa essere d'ispirazione per molti di loro. Possa essere lo stimolo per invertire la rotta, per studiare il marketing formativo e per crescere.

Con la pratica ho individuato quali sono le immagini che funzionano meglio per il mio settore, quali sono i tipi di messaggi da mandare, ho studiato la frequenza con cui pubblicare i miei post e gli orari migliori per farlo, quanto investire nella pubblicità sui social, etc. Ho utilizzato le linee guida di Giacomo e applicato le sue strategie fino a quando sono riuscito a sviluppare la combinazione perfetta.

Dal momento che se sai fare bene una cosa per me è importante che tu la condivida, qualche anno fa ho finalmente deciso di mettere insieme gli insegnamenti ricevuti e le mie conoscenze pratiche-tecniche per realizzare dei corsi specifici ed aiutare altri parrucchieri a diventare specialisti. Ho brindato a tutti successi che queste persone hanno ottenuto e ciascuno, con la sua storia, mi ha confermato l'efficacia del metodo.

Vorrei avere lo spazio per parlarti di ognuno di loro perché hanno delle storie bellissime che meritano di essere raccontate. Ne prenderò una tra tutte ed è quella di Flo e Luca.

Flo è una parrucchiera ucraina che due anni fa ha aperto il suo negozio come generalista. Per stare dietro alla concorrenza lavorava a prezzi bassissimi. Nonostante questo, il negozio era quasi sempre vuoto. Poi ha visto i miei post su Facebook e ha scoperto dei miei corsi di formazione per diventare specialista.

Quando è venuta a trovarmi sapeva già tutto di me e in mezz'ora di chiacchierata aveva trovato la sua strada: diventare specialista in shatush. Ha seguito i miei corsi, applicando le strategie che le abbiamo insegnato ed ora (due anni dopo) è la numero uno delle shatush con bellissimo negozio in centro a Verona. Visto il successo del primo ha deciso, insieme a suo marito, di aprire anche un altro negozio, questa volta concentrandosi solo sulla cheratina.

Fanno due trattamenti: cheratina lisciante e cheratina per la ricostruzione. Gestiscono due strutture divise, fanno solo due servizi, molto specifici, e sono pieni dalla mattina alla sera. Inoltre, Flo, seguendo il mio esempio, ha iniziato a fare corsi di shatush a parrucchieri generalisti.

Se vuoi approfondire la loro storia e quello che fanno:
https://www.kherapy.it/ o
https://www.instagram.com/flo_specialista_nello_shatus/?igshid=
15h08xgzwghca

Negli anni ho costruito un bellissimo rapporto con tutti i miei corsisti, nel caso di Flo e Luca anche una bellissima amicizia, fatta di gratitudine e stima reciproca. Uno dei grandi vantaggi che porta l'utilizzo corretto dei social è quello di entrare in confidenza con il tuo pubblico. La barriera che tante volte crea la vetrina del negozio, che magari mette in soggezione e spinge le persone a non entrare sui social non esiste.

Chi mi segue ha la sensazione, attraverso i miei post e le mie dirette, di conoscermi "personalmente". Per interagire con me e Flavia non è più necessario suonare il campanello e superare la soglia del nostro negozio, basta cercare la nostra pagina IG o Fb e lasciare like e commenti ai nostri post.
Quando una persona arriva a chiamarmi o a contattarmi in direct sa già tutto quello che le interessa perché ha visto i miei post: ho

formato il mio pubblico sui miei prodotti. Non sono più io a doverle convincere, al telefono o di persona, ad acquistare il trattamento. Le mie pagine social effettuano per me la prima scrematura. Il 90% delle persone che mi chiedono la consulenza hanno già deciso di diventare mie/miei clienti. Capita anche, che i miei follower, decidendo di venire in negozio per conoscermi di persona.

Quando arrivano si trovano in un ambiente che hanno già visto nelle mie stories, la mia voce e il mio viso, come quelli di Flavia, gli sono ormai familiari, riconoscono le ciocche Alchemica appese alla parete. La reazione è, come potete immaginare, molto diversa rispetto ad una/un cliente che non sa niente di noi e di quello che facciamo.

Questo aspetto produce un incredibile vantaggio: non ho bisogno di essere centrato tutti i giorni per convincere la persona che entra a caso in negozio a diventare mia cliente. Come invece è costretta a fare la maggior parte dei miei colleghi. Quando dai social una persona decide di venire in negozio, ha già, il 99% delle volte, scelto di acquistare il mio trattamento.

Altro aspetto da non sottovalutare è la condivisione. Certo, le sponsorizzate sono importanti, soprattutto all'inizio, ma se una cliente fa una bella foto dei suoi capelli e la pubblica taggandoci, ci sta facendo una fantastica pubblicità gratis. Innanzitutto, perché tutti i suoi contatti la vedranno e, se sono incuriositi, andranno a visitare la nostra pagina.

Secondo, perché possiamo ricondividere la foto del/della cliente sul nostro profilo: in tempo 10 secondi abbiamo un nuovo post che racconta a tutti della soddisfazione dei nostri clienti. In queste ultime righe voglio riassumere i contenuti del capitolo attraverso una metafora.

Immagina di essere il proprietario di una meravigliosa isola tropicale, con tanto di palme e noci di cocco, di aver attrezzato l'isola di strutture ricettive e pianificato delle attività ricreative e di aver assunto moltissimo personale per essere pronto ad offrire un servizio di primo ordine ai tuoi avventori. Ad un certo punto, una nave da crociera si avvicina all'isola per una breve sosta.

I passeggeri, rimirando la costa, non vedono l'ora di passare un paio di ore a terra per rilassarsi sulla spiaggia, farsi massaggiare in un bungalow, provare i piatti deliziosi del tuo resort, andare alla scoperta della giungla, etc. Decidi di costruire un pontile per permettere ai passeggeri di raggiungere la spiaggia. Quel pontile si chiama "pubblicità tradizionale".

La nave attracca e inizia a far sbarcare i passeggeri. Presto ti accorgi che le persone che iniziano a scendere dalla nave sono troppe per quelle quattro assi di lego. Inizia a crearsi la coda, alcuni arrivano a terra, altri cascano in acqua perché, sotto il troppo peso, le assi hanno ceduto, altri ancora desistono del tutto e decidono di rimanere a bordo della nave, al sicuro.

Quell'anno davvero in pochi hanno raggiunto la spiaggia, hanno prenotato un massaggio, hanno provato i piatti del ristorante o sono partiti per una gita organizzata nel cuore della giungla. Durante l'inverno, mentre il resort è chiuso, pensi a quanto è successo: hai curato ogni singolo dettaglio della tua struttura, hai scelto personalmente tutti i piatti del menù, hai pagato i migliori massaggiatori, tutto era perfetto esattamente come lo avevi immaginato. Perché per la costruzione del pontile invece hai semplicemente riesumato qualche vecchio tronco? Non hai controllato che fossero abbastanza resistenti, lo hai costruito di fretta perché hai dedicato tutto il tempo alla cura del tuo resort e dei servizi sottovalutando quella risorsa importante.

Cosa puoi fare per assicurarti che il prossimo anno le persone sulla barca arrivino a destinazione e acquistino i tuoi prodotti? Costruire altri pontili, più solidi, più curati, che siano un'anticipazione dell'esperienza magnifica che potranno avere a terra. Decidi di realizzare cinque pontili.

Il primo si chiama "Google", è il più grande e maestoso, di tutti i colori dell'arcobaleno, mentre le persone lo attraversano possono provare dei piccoli assaggi dei tuoi piatti con un calice di benvenuto; il secondo lo rinomini "Instagram", è più piccolo ma offre una spettacolare vista panoramica sulla baia; poi c'è un pontile tutto blu, "Facebook", dove le persone vengono accolte da hostess simpatiche e premurose. C'è un quarto pontile e si chiama

"Sito vetrina e sito e-commerce", su questo le persone possono già acquistare e prenotare i servizi che troveranno a terra. L'ultimo pontile è rosso e si chiama "YouTube", tramite un sistema di tappeti mobili, tipo quelli degli aeroporti, ti fa arrivare in spiaggia prima di tutti gli altri.

Questa volta, quando la nave attracca, i passeggeri trovano ben cinque magnifici pontili ad accoglierli. In men che non si dica sono tutti sbarcati sulla tua isola, entusiasti e impazienti di provare i tuoi servizi e i tuoi prodotti. Morale della favola? Trovo sia uno spreco incredibile offrire un servizio/prodotto curato, magari di alto livello e non avere clienti perché non ci sono stati il tempo, le risorse o l'interesse sufficienti per curare la pubblicità.

Non tenere conto dei canali social significa decidere ogni anno di accontentarsi di un solo pontile sgangherato quando potresti averne cinque. Attraverso questo libro ho voluto darti le istruzioni base per costruire quei pontili. Chiaramente da sole le istruzioni non bastano, servono gli strumenti tecnici, viti, chiodi e cacciaviti.

Puoi andare a tentativi e provare diverse combinazioni fino a trovare quella giusta (io ho dovuto fare così) oppure acquistare il pacchetto con gli strumenti che ti servono già selezionati per quel preciso scopo.

Il mio pacchetto di strumenti è questo:

- Il corso per diventare specialista in extension (lezioni pratiche dal vivo in cui ti mostro come applicare le extension, come scegliere il colore, quali strumenti utilizzare, pratico e teorico, marketing etc.);

- Alcuni campioni delle mie ciocche Alchemica (bisogna provare per apprezzare la differenza);

- Un sito internet vetrina personalizzato realizzato dai nostri tecnici;

- Il nostro software per accrescere la visibilità su Instagram;

- Prepariamo la tua prima pubblicità Facebook e Google ads;

- Un corso formativo sull'applicazione delle exstension (da acquistare online).

RIEPILOGO DEL CAPITOLO 5:

- SEGRETO n. 1: Internet è un'incredibile pubblicità per raggiungere persone interessate ai tuoi prodotti.

- SEGRETO n. 2: Utilizza il marketing formativo: "più i tuoi clienti saranno formati ed educati verso i tuoi prodotti, maggiore sarà il risultato che riuscirai a generare". G.B.

- SEGRETO n. 3: Dai informazioni di valore gratis: spiega i benefici, fai vedere i risultati e non nascondergli i problemi. Fornisci loro le soluzioni che hai trovato.

- SEGRETO n. 4: Chi può presentare quello che fai, i tuoi prodotti e servizi, meglio di te? Sii tu stesso a formare il tuo pubblico e usa i social per essere presente nelle loro vite.

- SEGRETO n. 5: La legge dell'influenza dice che se influenzi con il marketing milioni di persone sarai ricco di conseguenza. Più persone ti vedono più extension venderai.

- SEGRETO n. 6: La visibilità costa ma non influenzare nessuno costa di più.

Conclusione

Scrivere questo libro si è rivelata una sfida non da poco. Innanzitutto, perché volevo creare uno strumento sia per professionisti del settore che per un pubblico di non addetti ai lavori. Combinare i due linguaggi per realizzare un manuale semplice e allo stesso tempo denso di contenuti, non è stato facile. Per venire incontro ad interessi e necessità differenti mi sono risolto di dedicare i primi capitoli ad un'introduzione al mondo delle extension e gli ultimi due al marketing dello specialista.

Nel primo capitolo ti ho raccontato la storia delle extension, ho condiviso con te le mie riflessioni sulle ragioni che spingono, sempre più persone a ricorrere a questo trattamento: la ricerca di amore e apprezzamento. Abbiamo visto i benefici che indossare le extension genera: una maggiore sicurezza, il cambiamento nella postura, l'aumento della stima personale. E ci siamo soffermati sull'importanza, per riconoscere e generare bellezza, che anche il parrucchiere ami e curi se stesso.

Nel secondo capitolo, invece, ho voluto parlarti delle extension dal punto di vista tecnico: quali sono le ciocche di qualità e come riconoscerle; le diverse tipologie di applicazione e da quali di queste diffidare per non rovinare i propri capelli. Abbiamo parlato dell'importanza del colore sia per ottenere un effetto naturale che per far risaltare l'incarnato e gli altri colori del viso.

Concludendo con delle istruzioni pratiche su come prendersi cura dei propri capelli e delle proprie extension. Nel capitolo tre l'obiettivo era quello di smontare alcuni pregiudizi relativi alle extension. Prima tra tutti la convinzione che le extension danneggiano i capelli. Abbiamo visto invece come, se applicate correttamente e con gli strumenti giusti, possano fare da cappa protettiva per il nostro capello, proteggendolo dai diversi stress e permettendogli di crescere sano e forte.

In secondo luogo, abbiamo appurato che le extension non servono solo ad allungare ma sono anche un ottimo strumento per infoltire la chioma e un efficace metodo in sostituzione alla decolorazione.

Il capitolo quattro l'ho incentrato sulla figura dello specialista. Ti ho raccontato quali sono, secondo la mia esperienza, le capacità più importanti che un leader deve coltivare: l'importanza del nome, per acquisire un'immagine professionale, e del posizionamento, per differenziarsi dalla concorrenza.

Abbiamo visto cosa sono i servizi correlati e che ruolo hanno nella creazione di un'offerta completa. Infine, abbiamo parlato della necessità di una continua formazione come garanzia per rimanere sempre in pista. Nell'ultimo capitolo ci siamo addentrati in aspetti più tecnici, legati alla gestione delle pagine social e dell'engagement. La legge di attrazione che è il vero mantra dello specialista. Cambiando mentalità, aggiungendo nella tua mente ,nuove conoscenze tecniche e di marketing, arriveranno per magia, persone disposte a affidarsi alle tue mani di specialista .

Infine, ho voluto lasciarti con una storiella che racconto spesso ai miei corsisti e che restituisce un'immagine perfetta di come funziona oggi il mondo della pubblicità. È proprio vero che una forte motivazione può portarti a fare cose che non pensavi possibili, questo libro ne è la prova.

La spinta che mi ha permesso di arrivare fino in fondo, fino a queste ultime pagine, è la consapevolezza di possedere delle conoscenze che possono essere d'aiuto ad altri e che quindi dovevano essere condivise.

Non tenere per me le nozioni acquisite, gli insegnamenti ricevuti e soprattutto le soddisfazioni di una lunga pratica, è un bisogno che sento da sempre e che ho potuto finalmente soddisfare attraverso questo manuale. Spero di essere riuscito a renderlo interessante e formativo come speravo, se vuoi farmi sapere che ne pensi puoi lasciarmi una recensione su Amazon o contattarmi in privato ad uno dei seguenti link.

Instagram e Facebook: @emanuelecapanoextension
Il nostro sito vetrina: https://emanuelecapano.it
Il nostro sito e-commerce: www.alchemicaextension.it
Il nostro sito Salone Rapido: https://www.salonerapido.it

Ringraziamenti

Cosa faremmo senza le donne? Sono a contatto con tantissime donne, ho imparato a capirle e ad amarne la forza e l'entusiasmo. È soprattutto grazie a loro se sono arrivato fino a qui ed è a loro che vanno i miei ringraziamenti. A Flavia, la mia compagna di vita e di avventure. Ad Alice, la mia bambina, che è stata la mia forza anche nei momenti più bui e la ragione per la quale mi alzo tutti i giorni con il sorriso.

Ad Anita, la mamma di Alice, che mi ha regalato il dono più bello della vita: una bambina meravigliosa. A Lidia, la mia mamma, che non ha mai smesso di credere in me. A tutte le mie clienti, dalla prima all'ultima, che con la loro felicità e gratitudine rendono il mio lavoro meraviglioso.

L'ultimo grazie va, infine, a Giuseppe, Luca e Matteo, per il sostegno e la pazienza infinita. Grazie, grazie, grazie.

www.ingramcontent.com/pod-product-compliance
Lightning Source LLC
Chambersburg PA
CBHW051440150726
48000CB00005B/2188